HEY, ZWANGSNORMALITÄT

oder

Sonnenbrillen sind nicht die Taschennacht

von

Jack B. Smith

Herstellung und Verlag:
BoD - Books on Demand, Norderstedt
ISBN 978-3-7392-1101-5

Immer wenn mich jemand fragt, wie es mir geht, denke ich mir immer „Warum? Willst du was daran ändern? Das hast du ja bisher auch nicht gemacht!" Keiner der mich je fragte wie es mir geht hat auch nur ein einziges Prozent zur nachhaltigen Besserung des Problems, gleich welches ich auch immer hatte, beigetragen. Ganz einfach, weil die die etwas ändern wollen nicht können und die die etwas ändern können nicht wollen. Das ist aber finde ich auch in einem größeren Zusammenhang zu sehen. Wenn ich jemanden die Frage stelle, wie es ihm geht, dann weil ich mich wirklich dafür interessiere. Vor allem aber auch seine Sichtweise verstehen will und ihm mit meinen Ressourcen helfen kann und will. Und das sollte der einzige Grund überhaupt sein diese Frage, in gleich welcher Form auch immer, zu stellen. Mein Leben ist wieder der gute alte Pfeifton, aber dieses Mal mit Sahne und Kirsche. Was mir definitiv besser schmeckt als noch vor einigen Jahren. Viele Leute sagen, das Leben ist hart. Frage ich mich mit was sie das vergleichen wollen. Sie kennen nur das eigene Leben. Und nur dieses. Und das was mir uns so an anderen verherrlichen, verfluchen diese vielleicht. Und wenn wir es hätten kann es gut sein, das wir es auf gleiche weiße verfluchen. Es gibt jeden Menschen nur einmal. Das ist auch bei eineiigen Zwillingen so. Exakt gleich ist keiner. Wir können und dürfen auch nicht vergleichen. Wir kommen auf diese Welt und uns wird vermittelt was wir für richtig und falsch halten sollen, außerdem was gut und böse ist. Etwas in irgendetwas hineinzureden, was keinerlei Grundsätzlichkeit hat. Es gibt Dinge die verletzen jeden Menschen auf gleiche Weise und daran sollte man sich ausrichten. Man muss das eigene Grundproblem erkennen und dieses lösen bevor man auch nur irgendwie dem anderen sein Wertesystem aufzwängen will. Keiner der mich je beleidigt hat, und sei es noch so sehr, meinte im Grunde genommen mich. Die Leute hatten eine Vorstellung von mir die in die ich aber nicht passen wollte. Positiv wie negativ. Ich gehe alleine ins Kino, zum Essen, ins Museum. Sitze alleine bei einem Kaffee am Chiemsee. Das Gefühl der Leere ist weg, aber auch der Grund der diese füllte. Ich habe meine eigenen Vorstellungen vom Leben. Und das was die anderen über mich denken sind meist noch nicht mal ihre eigenen. Es sind irgendwie Meinungen oder schemenhafte Erlebnisse dritter denen sie hinterherrennen. Viele zeigen zum Beispiel auf Deutschland und sagt, dass das gesamte Volk und alle kommenden Generationen es verdient hat auf ewig und immer getreten zu werden. Das sind Gott sei dank nicht alle. Was ich hier auch erwähnen muss. Aber dennoch ein sehr großer Teil. In diesem Land laufen die Uhren etwas anders und wir sind das nicht mehr wirklich was wir vor einigen Jahrzehnten noch waren. Die Mitläuferschaft dieser Richtung Identifiziert sich mit diesen alten Gespenstern nur weil es besser in die Ablehnung der momentanen Situation einher geht. Sie sind wütend über die Identifikationslosigkeit in sich, dieser Welt gegenüber. Auch diesem Land das irgendwie mal anders war, irgendwie besser. Ich hingegen kann mich sehr gut mit der Geschichte des Landes auseinandersetzen in das ich hineingeboren wurde. Nur Blicke ich auf die großen Geister (Kant, Schopenhauer, Goethe, Bach, Loriot etc.) als auf die leeren Marionetten und alte Schreckgespenster. Mit denen uns fast zu viele Positionen dieser Welt immer in Verbindung bringen will. Deutschland hat doch definitiv mehr Geschichte als das. Denkt immer daran, wenn dich jemand beleidigt, beleidigt er dich anhand seines Wertesystems und seiner Welt. Das hat in den aller seltensten Fällen mit deiner eigenen zu tun. Auch wenn man aus gleich welchem Grund ein Ventil für seine Angst und die Wut über sein eigenes Lebens sucht darf man bei solchen Gruppierungen nicht zum Mitläufer werden. Die Kinder die ich liebe werden als Hurenkinder beschimpft und später werden sie mit dem Identifiziert was vor siebzig Jahren in diesem Land geschehen ist. Als Vaterfigur im Leben dieser Kinder habe ich in jeglicher Art und Weise etwas dagegen das dies auch nur Ansatzweise geschieht. Das eine, denn Kinder können nichts für ihre Eltern, wie da andere. Auch wenn ich jetzt in dieses Land kommen würde gleich aus welchem Land auch immer hat niemand eine Berechtigung meine Kinder nach ihrer Herkunft und/oder deren Geschichte schlechter zu behandeln. Und ich glaube das ist der Wunsch eines jeden Elternteils. Kinder können nichts für die Vergangenheit oder die Fehler die ihre Eltern in ihrer Geschichte gemacht haben. Es ist in jeglicher Art und Weise falsch sie damit zu identifizieren. Das identifizieren und auseinandersetzen mit einem Problem ist wichtig. Auch für die Kinder, die sehr viel an den Missständen und Unwägbarkeiten im Leben ihrer Vorfahren lernen können. Kein Geschichtsträchtiges Ereignis will ich hier beschönigen. Nur wer die Zukunft wegen ihrer Vergangenheit kreuzigt, erschafft nichts Heiliges. Sondern etwas Geplagtes und gepeitschtes. Das immer mehr unter dieser Last vor Schmerz und Herzblut aufschreit. Auf die Dauer hält nichts und niemand das aus. Kein Mensch und keine Gesellschaft. Eure Messer schneiden mich nicht eure Worte treffen mich nicht. Wir können der Vergangenheit und ihren Schmerzen mit Geduld und Unvoreingenommen zuhören. Wir sollten nachdenken an was sie brachen und stürzten und lernen nicht an den gleichen Dingen zu zerfließen. Die damaligen Umstände, sowie der psychologische Effekt, kann und wird in der Form auch heute noch praktiziert. Wenn auch unter anderer Flagge und in offiziellerer Form.

Das Grundproblem einer frühzeitigen Verurteilung ist das Unverständnis des anderen und die Übertragung der eigenen „gesunden" Welt auf die seine. Die in unseren Augen anders ist, und somit auf keinen Fall Gesund. Falls noch kein Grund für eine Verurteilung vorhanden ist schafft man eben einen Berechtigten oder einen unberechtigten. Von mehr oder weniger offizieller Stelle. Die Menschen die eine echte Veränderung wollen, sind wie Nägel ohne Fingerkuppen, die eine Tafel zum segnenden Quietschen ringen wollen. Diese sind nicht an den Fingern, diese sind nicht an den Händen. Die Hände nicht an den Armen und diese an den Körpern. Doch vor allem müssen wir lernen mit einem Herz und einem Blut zu denken und zu handeln. Denn dahinter sind wir alle Menschen. Gleich welchen Glaubens, gleich welcher Hautfarbe, gleich welchen Standes und so weiter. Der Feind dieser ist der Glaube an eine Trennung der Körperteile vom Körper. Der gesamte Körper ist für seine Körperteile verantwortlich und sollte sich unvoreingenommen jeder mit jedem auseinandersetzen. Und jeden Körperteil als den zu nehmen den er ist. Als unverzichtbarer Teil des Ganzen. Gleich wo am Körper dieser Teil auch immer sitzt. Kein Teil ist Grundlos da. Jeder hat seine Berechtigung an seinem Ort.

Doch bringt es nichts Positives wenn der Arm dem Bein
die Schere reinrammt. Den Schmerz spürt der Arm
genauso. Und um beide Schmerzen zu lindern müssen
beide zusammenarbeiten.

Diese Wüsten. Leer aus Treibsand dunkel schlingend.
Ziehend saugend hinab zu Stumpf gewordenen Zähnen.
Rufend, greifend glänzt scheinend das Heiligtum darüber.
Unerreichbar für die die aufhören zu schwimmen.
Sterbend innerlich liegen. Sich nageln an das heilige Kreuz
des ein gezwungenen Zieles. Auf diesem Weg werden wir
gepeitscht und schürfen uns zerfleischend den Weg weiter
in dieses unheilig drückende Vakuum. Das zunehmend
pressend sticht in den Nerv diese vormals hellen Lebens.
Leere Gebäude mit Leerem Leben. Schatten die das
unwirkliche Licht wirft treibt uns Jagend durch
Labyrinthen Schluchten. Blutig Eckende Sackgassen die
Hüllen zerreißen, die ewig Leer gejagt wurden durch sich
selbst. Der düster glänzende Knall hallt durch die Mauern
des Molochs. Verschreckt und befiehlt zu sinnlosem
Jagen, zu stürmen, auszubluten. Die Gründe zu wahr um
offensichtlich zu scheinen. Als Lüge gesteinigt um sie zu
unterwerfen dem infernalischen Ziel zu gehorchen.
Gepeitschte Leiber wimmern nach dem Löwen der das
Lamm ist bis das Blut die Wege auf denen er schreiten
wird heiligt. Verlogen und verdrängt von grausam leeren
Schein. Gleisend durch die Lande jagend, alles blendend
bis auf die mit ihrem Herzen sehenden. Blind stolpernd
dem Abgrunde entgegen. Der Schmerzensschrei der
fernen ungehört verhallend und als Kriegsaufruf
bezeichnet. Der Dorn der steckt rostend in ihren Seiten
kam von unserer Hecke die uns sklavisch umwebt. Ruft

mit gleißendem Schall entgegen der Dornen. Spült sie hinfort mit eurem Glauben der euch findet. Dem Glauben an das morgen unserer Knospen und unserer keimenden Samen. Sie brauchen nicht zerschmolzenes Gestein. Sie brauchen unserer Liebe Schwert das streitet für alle und allezeit. Um zu zerschlagen die verblenden Wälder Wände. Höre das Schallende erklingen der Herzen. Sie rufen nach dir. Sie ziehen dich zu sich. Zu verbrennen die dornenwürgende Nebel. Das Gespenst zu erlösen das unwirklich über unser aller Leben drohend geifert. Mit den grimmglühenden Fängen bellend beißen. Steht Schild an Schild vor euren Setzlingen und allem ungepflanzten der glühenden Leere schützend entgegen. Zusammen. Hörend mit euren sehenden Herzen. Deren Licht als einziges die Nacht zu zerpflügen vermag. Die meisten Probleme behandelt man nicht im Vorfeld, bzw. entschärft sie nicht durch zuhören und verstehen des anderen, bevor sie entstehen. Der Mensch soll sich immerfort der Umwelt anpassen und nicht umgekehrt. Dem Moloch der modernen Gesellschaft. Er muss eingestehen, dass er krank ist um sich einzugestehen, dass er sich anpassen muss. Und das er Probleme hat und nicht die Welt die ihm diese Mühlsteine aufbürdet. Für jedes Problem das durch diesen Hochofen entsteht auch ein weiterer Brennstoff um ihn am Laufen zu halten. Die Nahrungsmittelindustrie produziert für über 10 Milliarden Menschen Nahrung und es verhungern immer noch zig tausende oder suchen im Müll nach Nahrung. Auch hier bei uns in der westlichen Welt. Vegetarier die vom Standpunkt ausgehen, wenn sie weniger Fleisch essen würden weniger Tiere sterben. Es sterben nicht weniger Tiere ihr Tot wird nur massiv Sinn-befreiter. Ihr gesamtes Leben hindurch werden sie gequält und grausam dem Fleischwolf dieser unheiligen Industrie geopfert. Diese mit dem Respekt behandeln den sie verdienen. Ihr Leben und das Sterben dieser Lebewesen zu ehren. Und auf Papier steht, fällt keine Bäume mehr. Dies ist der Wiederspruch in dieser Welt. Man sollte nur die Tiere der Nahrungsgewinnung opfern, die auch wirklich gebraucht werden. Und dies sollt man klären noch bevor man überhaupt auch nur an die Tötung eines Lebens denkt. Die Papiergewinnung ist ebenfalls ein lösbares Problem. Es gehört eine ehrliche Grundethik in die Industrie. Eine Verantwortung für die Umwelt, für das Momentane und das Morgige. Die Sattheit und die Sicherheit in der westlichen Welt ist ihre größte Bedrohung. Das verblenden durch das sättigen. Alles ist mehr oder weniger greifbar und erreichbar was an käuflichen Gütern und Dienstleistungen gewünscht wird. Die Grundbedürfnisse des Menschen werden nicht mehr wertgeschätzt und es verlangt nach mehr und besserem darüber hinaus. Man fordert die Füllung einer Leere die diese Industrie selbst schafft. Man sucht Identifikation. Man weicht sich selbst aus und findet sich mehr in fremdem als in dem eigenen Leben. Der Versuch zu sich selbst zu stehen und nicht der breiten Masse nachzulaufen wird in den meisten Fällen verlacht und als Widerstand gegen diese leer-gewordene Allgemeinheit verstanden. Es wird als Krank angesehen und man wird an den Pranger gestellt und mit irgendetwas altem Fauligem beworfen. Man bekommt einen Stempel aufgedrückt und wird nach diesem bewertet. Und meist leuchtet dieser so hell das der Mensch dahinter verschwindet. Falls noch keine Verurteilung vorhanden ist, wir eine erschaffen. In dem Maße in dem das es schrill quietschend durch die

Generationen hallt und ein taub-werden schafft die die Stimme des „Nein!" noch nicht mal mehr ansatzweise zu verstehen bereit ist. Man fürchtet den anderen für das was er tun könnte und wird dadurch gelähmt ihm wirklich Vorurteilsfrei zuzuhören. Es wird von dem Grundgedanken einer Gefährdung ausgegangen und dies führt im Strudel weiter nach unten zu noch größerem Druck bis das freie Atmen nicht mehr möglich ist. Man sollte dem rettenden Faktor in dieser Welt auf keinem Fall den Grund dafür subtrahieren. Dieser Faktor ist in jedem einzelnen vorhanden. Man darf sich nicht von einem äußeren Knall, innerlich Taub werden. Man muss dem Menschen zuhören und nicht den ihm mehr oder weniger aufgezwungenen Dämonen die ihn lähmen und quälen. Ein gequältes Wesen wird immer blind seiner Handlungen gegenüber werden und auch der Welt in der es lebt. Angst gegenüber gleich welchem unheiligen Geist auch immer, wird am Ende immer Leid erzeugen.

In einigen Bereichen wird von einem Grundgerüst eines Schusters ausgegangen und gar nicht gefragt ob es auch einen Schneider gibt. Richtige und wichtige Regeln werden verallgemeinert und zu einem undurchdringlichen Labyrinth zusammengeschustert, dass nie jemand in seiner Gesamtheit erfassen kann und zwangsläufig gegen dieses verstößt. Umfangreiche Regeln sollten an Orten herrschen an denen sie angebracht sind und vor allem auch in einem Sinnvollen Maße. Gesetze sollten dem Menschen dienen und nicht umgekehrt. Sie sollten dem friedlichen Zusammenleben und dem gegenseitigen Verständnis aller dienen und nicht diese Gemeinschaft verkomplizieren. Es gibt so viel Grüppchen die alle ihre eigene Ansichten vertreten mit Geschichte und Vorurteilen die aus der Vergangenheit oder einen Regeln und/oder Ansichten entspringen und den Weg für jegliches friedliches Miteinander zertreten. Eines haben sie jedoch gemeinsam, und das ist die Ablehnung der momentanen Lage auf der Welt.

Die Autoaggressiven Kräfte dieser Welt werde immer ein Werkzeug sein für die die sie zerstören wollen. Vieles führt zueinander und dahinter wollen wir im Grunde genommen vieles nicht was wir tun. Die Ruhe zu finden in diesen Zeiten der Unruhen und Stürme in dieser Welt und meinem Leben ist oft schwer. Ein logisches Betrachten der Dinge ist oft nicht möglich und so separiere ich mich oft von den Dingen die um mich stehen. Es wird einen Tag geben an dem diese an mich treten. Eine nicht auszuhaltendes Brennen in ir verursachen. Unabhängig ob ich das will oder nicht. Ob ich nun der sein will der ich gerade bin oder nicht. Ich bin ein Knoten dieser Welt. Genauso wie vieles andere das in der Geschichte steht.

Glaube ist in dieser Gesellschaft ein großes Thema. Ich gehe von dem Standpunkt aus das jeder Glaube seine Berechtigung hat und es für jeden Menschen den Richtigen gibt. Denjenigen der ihn zum Wachstum führt und zu einer echten Verständnis seiner selbst und auch seiner Mitmenschen. Der Glaube sollte den Menschen finden und nicht umgekehrt. Ein Glaube, der den Menschen der ich bin von sich aus erfüllt und der für mich größten Gehalt hat und kein Leid für mich und meine Mitmenschen einschließt ist in meinen Augen der Richtige. Doch ich werde keinem Menschen vorschreiben an was er zu glauben hat oder wie er zu glauben hat. Noch werde ich ihm den meinen aufzwingen. Ich finde es wichtiger, dass man glaubt und daran wachsen kann. Höre in dich und fühle was sich für dich richtig und gut anfühlt. Der Start bei null und die größte Offenheit allem zuzuhören was da ist. Jeder Ansicht unvoreingenommen zuzuhören und sich nicht von der Angst und der Wut der wenigen blenden zu lassen die mit Feuer und Schwert durch die Lande streifen. Ich glaube an die Menschen und an ihre Zukunft. An die morgige Gesellschaft dieses Landes und der Generationen die in diesem Leben werden. Ich glaube nicht an die Verurteilung gleich welcher Glaubensrichtung. Ich komme aus einer Christlich geprägten Gesellschaft. Die mehr und mehr ihre Identität verliert. Sie verliert den Zugang zu Gott, wobei ich offen lasse wie man sich diesen Vorzustellen hat. Sie bekommen Menschen gezeigt die sich Priester nennen und an ihren Fehlern bemessen werden. Ein Verständnis gegenüber diesen Menschen wird von Vornherein vom Vorurteil ausradiert. Ich fordere mehr Verständnis des Irdischen Bodenpersonals für die Situation in der ihre Mitarbeiter sind. Eine Modernisierung des Grundregelwerks sollte in Betracht gezogen werden.

Den Glauben den ich heute vertrete ich nicht weil es mir irgendein Guru oder Priester von seiner Kanzel gepfiffen hat. Diesen Glauben habe ich weil ich daran glaube und weil ich mich an ihm identifizieren kann. Weil er mir Luft lässt zum Wachstum. Platz offen lässt für das anhören von Philosophien und Sichtweisen anderen Glaubens. Offenheit und individuelle Identifizierung. Es gab diesen Punkt der Grundidee. Dem friedlichen Miteinander der

Menschen und Kulturen. Des unvoreingenommenen heran gehen an den anderen. Gott oder das göttliche an sich hat für mich nicht ein Gesicht. Keine Greifbarkeit und gleichzeitig eine Allgegenwärtigkeit in allem. Das Nicht-greifbare hat nicht ein Gesicht, es hat alle Gesichter. Die Besten und die schlimmsten. Es geschieht nichts ohne dass es über seinem Schreibtisch läuft. Man muss nicht verstehen was geschieht. Auch wenn man hinter den offiziellen Ereignissen andere versteckte Geschehnisse weiß. Die Inoffiziell und parallel zu den bekannten in dieser Welt Geschehen. Wenn man allen Schnüren bis zum Ende folgt kommt man bei einer Intelligenz heraus die das alles steuert. Auch wenn man sich noch so mächtig, alt und souverän wägt. Dieser eine Nadelstich hat diesen einen heiligen Rostpartikel, der die dunkelste Nacht in heiliges Licht verwandelt. Punkte die sich für Frei und unantastbar halten weil sie von einem falschen System geschützt werden, sind nur geduldet. Jede kriminelle Vereinigung wie groß oder klein, wie offiziell oder unbekannt sie auch immer ist. Sie sind Instrumente dieser Welt und dies werden sie solange sein, bis man sie nicht mehr braucht und sie überholt sind. Bis ihr Vorhandensein überflüssig ist. Dann werden sie verbrannt mit Stumpf und Stiel. Ob sie dies nur gerne hören oder nicht (Mich würde das ja in jeglicher Hinsicht stören, wenn man mir meine Freiheit vorspielt). Doch die die Feuer an sie legen sind in gleicher Weise dem Feuer geweiht. Ich weiß, dass ich in meinem Leben nie wirklich frei bin. Gleich wer das auch immer denkt, weil ich immer an mein Schicksal gekettet bin. Die Freiheit dieser Welt lassen sich die Menschen in ihr freiwillig und immer mehr rauben. Es ist ein Ungesehenes anketten.

Mein Lehrer sagte einmal zu mir „All das wird einmal Dir gehören. Das was du siehst, und das was du nicht siehst. Die Herzen der Menschen. Ihr Hass und ihre Liebe. Ihre Vergangenheit und ihre Zukunft. Jeder Schatz, gleich wie Golden. Jedes Schloss, gleich wie Prachtvoll. Jedes Haus, jeder Stein. Was sagst du?“ „Ich will nichts davon, ich will frei sein.“ „Dann gehört es dir wirklich und du hast den besten Grund, das was wirklich von Wert ist mit allem was du bist, hast und weißt, mit deiner ganzen Kraft zu schützen und zu verteidigen.“

Die die alles haben wollen, besitzen in Wirklichkeit nichts. Es ist wichtig was man hinterlässt wenn man geht. Das das morgige lernen kann von dem heutigen. Das Vorbild zu sein, das man sich von dem anderen wünscht. Die Gründe warum ich das hier schreibe, sind sehr vielschichtig. Wer wenn nicht ich. Die Satten quietschen in diesem Getriebe. Ihnen wird der Grund genommen und den anderen auf die eine oder andere Sache verwehrt. Ich halte die die kämpfen, die noch hungrig sind, für weniger Schuldig an den Problemen der momentanen Gesellschaft. Unabhängig wofür. Die größte Gefahr sind die, die sagen es ist doch alles in Ordnung, wie kann man denn nur. Wenn man für etwas eintritt weiß man ja, dass etwas nicht stimmt und das will man ändern und man sucht sich mehr oder weniger gleichgesinnte. Leute die Ähnliche Ansichten haben, die ähnliche Dinge stört und die Energie haben, die man sucht. Die meisten laufen einer Gruppe hinterher deren Ansichten nicht direkt den Eigenen entsprechen, alte Systeme verwenden. Man wird zum Mitläufer, und wird immer und immer mehr in diesen Strudel hinab gerissen.

Dahinter, an dem Punkt den sie längst dem Schatten des Fremden geopfert haben, wollen sie etwas anderes. Bevor man irgendwelchen Leeren Marionetten anhaftet, sollte man sich selbst oft genug fragen warum und massive Selbstreflektion betreiben. Was man wirklich ändern will. Hinter alledem. Was für einen als Mensch nicht mit dieser Welt Stimmt. Man soll dies Identifizieren. Es ist für viele leichter irgendetwas nachzulaufen, sich in eine Schublade stecken zu lassen als die wirklich störenden Gründe zu identifizieren. Wenn man nicht die Kapazitäten dafür hat, dann holt man sie sich. Der erste Punkt ist immer noch, nicht in die Falsche Richtung zu denken. Und der Falsche ist für mich persönlich immer noch einem Schubladendenken zu unterliegen, das mehr Leid schafft als das es heil bringt. Denkt immer daran das morgen soll Zukunft sein und haben. Und es soll eine solche sein die nicht die Vergangenheit wiederholt oder von ihr kontrolliert wird. Für mich ist es ein Ziel der Menschen in dieser Zeit jetzt schon an diese zu glauben und mit allen anderen dafür zu arbeiten, die sie sich morgen für ihre Kinder und deren folgenden Generationen wünschen. Und dieser Wunsch wird wohl kaum sein, dass man sich im morgen immer noch für die Gründe des gestern die Schädel einschlägt. Wer wünscht sich das schon wirklich. Der Mensch der in ein Wertesystem hineingeboren wird ist diesem, sofern er es unbetrachtet an sich heran lässt, diesem ausgeliefert. Viele Dinge werden aufgrund von vorherrschenden Meinungen und Verallgemeinerungen in ungenügender Weise gemacht, ohne den Menschen dahinter je zu betrachten. Dieser hat vor allem eine Geschichte. Erfahrungen, Schmerzen, Liebe, Familie. Seine Geschichte wird viel zu wenig betrachtet.

Noch kann an sie nach einem Wertesystem anwenden oder auf selbiges übertragen. Extreme Wertesysteme und deren Auslegung ohne die Betrachtung des Menschen hinter alledem halte ich für eine große Gefahr. Parteien werden genannt und verteufelt. Ohne auch nur ansatzweise seine Anhänger oder die Umstände oder Personen die es schufen und dessen Welt und die damit einhergehenden Umstände in Augenschein zu nehmen. Vieles würde um ein vielfaches leichter sein, wenn man den Menschen beibringen würde nicht aus seinem Lebensschmerz heraus zu leben, sondern wie man diesen richtig betrachtet und ihn auf positive Weise und konstruktiv für ihn selbst und seine Mitmenschen einsetzt. Ich werde soweit es mir möglich ist den Menschen hinter alledem betrachten und den Versuchen diesen zu verstehen. Doch bevor ich dies kann muss ich vorerst mich selbst analysieren. Meine Geschichte, meine Seele und mein Herz erforschen. Damit ich eine Triebfeder bekomme an der ich wachsen kann und die mich vorantreibt. Ich muss mir selbst für mein Leben und meine seelische Mythologie Betrachtungsweisen und einen oder mehrere Lehrer und individuelle leitende Fäden suchen die mir eine individuelle Entwicklung ermöglichen. Die auf mein Leben anwendbar sind.

Meine Helden suchte ich mir selbst. Die die ein echtes Vorbild waren und die Philosophien vertraten die mich weiterbrachten. Ich lernte eine halbseitig gelähmte Frau kennen die mit ihren 70 Jahren eine Innere kraft aufwies und die niemand in die Knie bekam. Die jeden Tag mit sich selbst und der Welt kämpfte, eine echte Löwin. Ich lernte einen Priester kennen, der die Fähigkeit hatte hinter meine Worte und meine Verblendung durch diese Welt zu blicken und mich an die Größe die in mir ist erinnerte. Mein Ratschlag ist: sofort Heiligsprechen! Er war es auch der mich daran erinnerte das es nicht wichtig ist aus welchem Gründen man einem Menschen liebt. Die Gründe die man gegen diesen vorbringt sind meist nicht die eigenen sondern die Gründe die die Welt in einen gepflanzt hat. Das es wichtig ist hinter den offensichtlichen Schmerz zu blicken und den Menschen dahinter zu erkennen und diesen zu lieben. Ich erhielt aus vielen Stellen kleine Nadelstiche die mich im Leben weiterbrachten und mir bis zum heutigen Tag helfen. Unter den allen Chefs die ich hatte, die selbstsüchtig und egoistisch waren, war auch einer der mich eine andere Sicht auf die Dinge lehrte. Wenn jemand dich Angreift, musst du immer hinterfragen ob es berechtigt ist oder nicht. Frag nicht ob du helfen kannst sondern wie du helfen kannst. Wenn jemand zu dir kommt und sich beschwert aber bleibt hast du irgendetwas richtig gemacht. Weil er dich nicht aufgegeben hat. Hätte er das getan würde er sich nicht mit Dir auseinandersetzen und dir nicht die Dinge an den Kopf werfen mit denen er in eurer Beziehung nicht klar kommt. Menschen die dich aufgeben, kommen nicht immer und immer wieder in dein Leben. Wisse in welcher Weise sie erscheinen. Auch wenn ich für den Rest meines Lebens in Einsamkeit und Alleinsein verbringen werde, weiß ich das ich mich für die einsetzen muss die nicht Alleinsein dürfen. Und das sind die die im morgen auf dieser Welt leben werden. Und das dieses morgen ein anderes sein sollte als das heutige. Alle wollen hier Zuhause sein und wenn sie es nicht sind dann suchen sie solange bis sie etwas finden das sich am nächsten danach anfühlt. Vor alledem sollte man lernen in sich selbst zuhause zu sein. In sich selbst zu wohnen. In sich den Ort zu schaffen den man sich an jedem Ort im außen wünscht. In sich selbst wünscht man sich einen Ort der schön und für einen selbst harmonisch ist. Mit dem man sich identifizieren kann, und der für einen heilsam ist. Als würde man sich das Haus einrichten, in dem man sich wünscht für den Rest seines Lebens zu wohnen. Wie man dieses einrichtet entscheidet jeder für sich selbst. Was man von anderen hineinstellt muss jeder selbst entscheiden. Doch sollte es immer das eigene Haus bleiben. Und die fremden Möbel sollten mit den eigenen wirklich harmonisieren. Was nicht zu den eigenen Möbeln passt kommt auf den Sperrmüll.

Ich habe mir eine bestimmte Fragen den Einzelnen gegenüber angeeignet, eine Art heilig leuchtende Neugier. Den Menschen getrennt von seiner Welt und dem ihm aufgezwungenen Wertesystemen zu sehen. Den Grund für seinen Angriff auf mich zu hinterfragen. In den meisten Fällen übernehme ich mehr Verantwortung für den anderen in einem solchen Moment als dieser für sich selbst. Wenn er über die dunklen Dinge in meinem Leben und die daraus entstehenden Unwägbarkeiten in mir wüsste dann würde er es nie wagen auch nur den kleinen Finger in einem Hauch von Zorn zu erheben. Das Auseinandersetzen und das Wissen um diese, und das Verstehen dieser Anteile in mir brachten mich im Leben sehr weit und haben zu einem besseren Verständnis meiner selbst und der Menschen um mich herum geführt. Es entstand eine innere Monarchie in mir, die jeden Teil in Respekt und wissen um diesen an seinem Platz hält.

Das achten von Leben und Tot ist einer der Hauptgesetze.
Und alle darauffolgende und dieses sind schwimmend. Ich
kann sie individuell den Gegebenheiten in meinem Leben
anpassen. Sie obenauf schwimmend belassen oder sie
untertauchen wenn es die Situation erfordert. Doch es
sind meine Gesetze und nicht die meiner Mitmenschen.
Ich kann nicht meine Gesetze übe alle anderen stellen
oder einem Menschen vorschreiben das gleiche zu tun
oder meine Gesetze anzunehmen. Denn meine Richtlinien
funktionieren für mich in meinem Leben und können für
andere Menschen keinen Sinn ergeben und/ oder
schädlich sein. Wie ich mit den Dingen in meinem Leben
umgehe ist meine Sache. Man kann vielleicht versuchen
sie in seinem Leben anzuwenden und schauen wo und wie
sie dort funktionieren. Das tat ich auch beizeiten. Dinge
die in meinem Leben keinen Sinn ergaben und mich
nicht weiterbrachten, mich nicht wachsen ließen habe
ich einfach aussortiert. Für so eine Entwicklung gehört
ein erhöhtes Maß an Offenheit dem anderen und eine
gesunde Eigenreflektion dazu. Ich verlange von
niemandem, dass er diese bei sich findet. Man kann nicht
von jemandem erwarten der dies nie gelernt hat, dass er
das von heute auf morgen kann. Wie es so schön heißt
man kann die Fähigkeiten eines Fisches nicht dran
bemessen wie gut er auf einen Baum klettern kann. Aber
der Fisch ist ein Genie im Schwimmen und passt perfekt
ins Wasser. Jeder ist auf einem anderen Gebiet ein
Meister. Nur muss er auch die Einsicht haben auf
welchem. Vielleicht hat er diese noch nicht erkannt. Oder
muss diese noch suchen. Aber vorhanden ist sie ohne
jeden Zweifel. Ein wirklicher Meister oder Lehrer, der uns
eine Philosophie oder etwas Ähnliches vermittelt, weiß

genau dass sein Schüler offen sein muss für seinen Eigenen Weg und erkennt auch wann er diesen erreicht hat. Dann lässt er diesen Erreicht und der Schüler wird genug mitbekommen haben um selbst diesen, seinen eigenen Weg, zu gehen. Dieses Bildungssystem schreibt einem Dinge vor und lässt keinen Raum für individuelle Entwicklung. Jeder Mensch hat andere Talente und diesen nach sollte er auch gefördert werden. Grundsätzliche Dinge (Lesen, Schreiben, Mathematik usw.) sollten in jedem Fall vermittelt werden. Aber darüber hinaus weiterführend wirklich wichtige und brauchbare Dinge. Grundphilosophien, die einem wachsen lassen halte ich persönlich für sehr wichtig. Jene die ein besseres Miteinander und eine Offenheit und eine Unvoreingenommenheit vermitteln. Was dann im übermorgen am wichtigsten ist, kann etwas völlig anderes sein. Das mittlere Kind der Drei für die ich wie ein Vater bin, brauchte keine Spielzeugautos. Es war von so tiefgründiger Intelligenz das es den meisten nur schwerfiel diese zu erkennen. Die Geduld aufzubringen hinter dieses Chaos zu blicken. Ich schenkte ihm das Buch von einem großen Naturforscher als die Mutter wieder umzog. Beim nächsten Besuch kannte er mit gerade 10 Jahren die lateinischen Namen und die Beschreibungen der Arten. Jedes Kind und jeder Mensch hat eine eigene individuelle Begabung und die Aufgabe unseres Bildungssystems sollte sein diese zu erkennen und zu fördern und nicht in alle das gleiche zu prügeln. Die wenigsten Menschen wissen um ihre Begabung. Sie wurde ihnen nie gezeigt. Es wird ihnen nur gezeigt was sie nicht können. Wenn ich immer einem Menschen sage was er nicht kann dann wird er auch immer den Fokus darauf richten.

Man muss vergessen, dass etwas nicht funktioniert und es einfach versuchen und taub werden für die Rufe derer die es vergeblich oder nie versuchten. Suche, du wirst finden. Genau vor 3 Tagen habe ich mit diesem Buch begonnen und wundere mich heute wie weit ich gekommen bin in so kurzer Zeit. Das erste Buch hat Stoff aus gut 13 Jahren. Das zweite Buch aus vier Jahren und dieses Buch ist nicht nur mein Leben. Es gab immer die Kraft die in mir arbeitet. Und diese Kraft arbeitet auch in jedem von uns. Jeden Tag und jede Nacht. Jeden Augenblick unseres Lebens. Man muss sie erkennen und ihr lernen zuzuhören. Worte die ich hier schreibe fließen aus mir heraus und es kostet mich keinerlei Anstrengung diese zu schreiben. Es läuft wie von selbst. Ich muss nicht lange überlegen in welchen Bereich ich mich bewegen muss um das aus mir herauszuholen. Die Kommunikation mit meinem Lehrer mit diesem der ich im morgen sein werde war Zeit meines Lebens da. Und die Frage ist nicht was er mich lehrte und auch nicht warum. Ich stelle nicht in Frage, dass es ein unbesehener Teil meiner selbst ist, der mich lehrt. Oder das er überhaupt vorhanden ist. Das zu vermitteln was er mich lehrt ist auch keine Schwierigkeit für mich. Jeden Tag und jede Nacht trage ich Himmel und Hölle in mir genau wie jeder andere auch. Bei mir ist nur jedes an seinem Platz. Ich lasse alles da wo es hingehört. Ich habe mich nur entschieden meine Mitmenschen lieber zum lauthals Lachen und zum verstehenden Kopfnicken zu bringen als zum Bluten und brennen. Und nach Jahren ist mir das eine genauso leicht wie das andere. Ich bin ein Löwenlamm. Ich opfere mich als das Lamm das Teil von mir ist für andere auf. Auch wenn das oft recht schmerzlich ist und viel Kraft kostet.

Die Hölle, das sind nicht immer die anderen. Das ist man immer selbst. Und ich lasse nicht mein Lamm durch eine Fremde Hölle verbrennen. Und meine Mitmenschen sollten lernen dies genauso wenig zu tun. Sie sollten aber auch lernen wann es Zeit ist laut zu Brüllen und Gemeinsam in die richtige Richtung zu schlagen. Ihr seid alle eine Kultur. Ihr seid alle Menschen. Und ihr braucht einander. Gleich was diese Leer-gewordene Mühle euch in jeder Zeit auch verkaufen will. Uns wird vorgeschrieben wie wir aussehen sollen. Wen wir wie zu lieben haben. Wen wir hassen und lieben sollen. Wen wir für gut und für Böse halten sollen und warum. Man macht sich gar nicht mehr die Mühe zu zweifeln und zu hinterfragen. Selbst nachzudenken und zu überlegen. Man ist zu bequem geworden und folgt einer allgemeinen Meinung über irgendein Thema. Ein wesentliches Problem in der satt-gewordenen Gesellschaft.

Es kommt drauf an. Auf was? Auf alles, wann immer man wir vorschrieb was ich zu denken hatte, rief ich mir diese vier Worte ins Gedächtnis. Es ermöglicht mir einen Individuellen Blick auf die Dinge und eröffnet mir vom Offensichtlichen zurückzutreten und weitere Wege zu betrachten. Sie zu verzweigen und mehr zu erkennen als offenbar ist. Nicht an die eine Richtung denken sondern auch an das andere. Dies zu vermitteln halte ich für sehr wichtig. Es erfordert ein gewisses Maß an Geduld sich selbst und der Welt gegenüber. Nachzudenken und einem anderen Blick auf die Dinge aufgeschlossen und offen gegenüber zu stehen. Es ist nicht alles Gold was glänzt aber Gold hat nicht für alle Menschen den gleichen Wert und die Gleiche Bedeutung. Für einen Alchemisten eine ganz andere wie für einen Bettler. Der Alchemist mag zwar das Gold immer frei herstellen können, kann dies aber mit einem Packt mit dem Herrn jeglicher Qualen mit seinem Seelenblut besiegelt haben. Der Bettler mag Arm sein aber die ganze Welt steht ihm offen er kann an die schönsten Plätze reisen, wann und wohin er auch immer will.   Wenn ein armer Junge einen reichen sieht, erkennt er vielleicht auf den ersten Blick nicht, dass dieser im Rollstuhl sitzt und die Fähigkeit des Armen anstrebt laufen zu können.

Es gibt Bereiche in meinem Leben die unbeleuchtet sind und die ich noch nicht ganz verstehe. Mir genügt es wenn ich diese Bereiche unbewertet belasse und sie sich irgendwann selbst erklären lasse. Es gibt für alles einen Grund und nichts geschah in meinem Leben Grundlos. Der Grund der meist offensichtlich war, war meist nicht der wahre Grund. Dem was dahinter steht muss ich Raum geben, damit es ins Licht tritt und ich muss es von allen Seiten unvoreingenommen betrachten damit ich auch das verstehe was ich da zu Gesicht bekomme. Wer weiß wofür es gut ist. Wenn etwas Negatives in den Leben der Menschen Geschieht, gleich wie furchtbar es auch immer sei, verurteilen dies die meisten Menschen. Ihnen fehlt die Offenheit und die Geduld es von verschiedenen Seiten zu betrachten. Das Offensichtliche ist immer nur ein Teil einer Wahrheit. Und nur ein geringer Teil des Ganzen. Seine Gedanken und seinen Blick auszudehnen erfordert Zeit und eine Umfassende Weltsicht. Ich weiß nicht alles. Und dies sei hier auch erwähnt, doch ich weiß an welchen Orten ich suchen muss um herauszufinden was ich wissen will.

Ich habe mir ein umfassendes Netzwerk an Erfahrenen Positionen zurechtgelegt. Sie übernehmen eine beratende Position. Erst wenn ich ein Bild vom ganzen habe kann ich Urteilen. Es dauert länger, doch ist dann meist ein anderes als das was ich im ersten Moment getroffen hätte. Es gibt Entscheidungen die ich nicht mit meinem logischen Verstand getroffen habe. Diese habe ich mit meinem Herz getroffen. Mein Verstand muss nicht mein Herz verstehen. Nur Zuhören muss er. Wenn ich diese eine Person mit logischem Nachdenken ausgesucht hätte, würde dies heute in keiner Weise das sein, was es ist. Sondern irgendwie der tollste Blödsinn. Im Endeffekt habe ich es immer noch nicht verstanden. Ich weiß nur, dass ich mich um einen echten Kontinent lebendiger fühle wenn dieser Mensch um mich ist. Die logischen, die die Geschichte hören fordern ich solle sie aufgeben und mir eine andere suchen. Diese Leute und die Welt im Allgemeinen bringen mir keinen echten Gegenpol. Keine Alternative. Kein „hier nimm das ist besser für dich". Aber es geht mir nicht darum wer gut für mich ist sondern wem ich gut tue. Trotzdem wer nicht Teil der Lösung ist, ist Teil des Problems. Im Zwischenmenschlichen sind das mindestens Zwei. Ich muss auch Daraus lernen und das nächste Mal nicht wieder die gleichen Fehler machen und sie muss mithelfen.

Jeder meiner Geschwister, und da gibt es mehr als gedacht, hat seine eigene Geschichte. Eigene Erfahrungen, die ihm zu dem gemacht haben was er heute ist. Ich habe nicht das Recht ihnen in irgendeiner Weise vorzuschreiben ob er/sie unsere leibliche Mutter treffen soll. Obwohl ich weiß das sie das sehr glücklich machen würde.

Es ist ihre Entscheidung und nicht die meine. Wenn ich von so etwas weiß, dann respektiere ich diese Entscheidung und würde unserer Erzeugerin auch nicht sagen, dass ich Kontakt zu einem weiteren meiner Geschwister hätte. Jeder hat eigene Erfahrungen gemacht die seine Entscheidungen beeinflusst. Meine leibliche Mutter weiß dies auch und akzeptiert dies. Ihre Kinder sind schließlich alt genug um ihre eigenen Entscheidungen zu treffen. Und das sie uns fast alle weggeben musste hat sie auch nicht getan weil ihr Langweilig war oder weil sie uns nicht geliebt hat. Sie hat es getan um uns vor dem Leben zu schützen das wir bei ihr gehabt hätten. Ich bin zu allen meinen Geschwistern Halbbruder, was mir aber auch recht egal ist. Und die die mich kennenlernten haben es in keiner Weise bereut. Ich stehe zu meinen Geschwistern und bin für sie da wenn sie mich brauchen. Und das ist umgekehrt auch so. Das ich drei fremde Kinder liebe, die nicht meine sind wie meine eigenen, ist auch Teil meines Erfahrungsschatzes. Ich kenne Adoption aus eigener Erfahrung und ich würde es jederzeit tun wenn ich Mittel und Wege offen hätte. Es ist mir egal durch was sie entstanden sind. Bevor ich sie in meinem Leben hatte habe ich immer Angst gehabt ein guter Vater zu sein. Sie haben mir gezeigt, dass ich das längst bin. Sie gaben mir viel glauben an mich selbst zurück. Dass ich nicht ihr Vater sein darf, an dem sind sie nicht schuld. Sie sind nicht Schuld an dem was diese kaputte Welt aus meiner Lieblingsfluch gemacht hat. Es gehen sehr viele Beziehungen dadurch kaputt noch bevor sie überhaupt eine echte Chance hatten. Einfach aus mangelnder Geduld füreinander oder auch sich selbst gegenüber.

Übersteuerte Vorstellungen klemmen in der wirklichen Welt in jeder Hinsicht. Ich weiß das sie den Prinzen erschlägt und den Drachen nimmt, und sich dieser dann nach spätestens drei Wochen wünscht der Prinz würde noch leben. Nicht jeder Prinz ist für jede Prinzessin geeignet. Manchmal muss man einfach auch das ganze Märchen durchleben, sei es nun das Wunderland oder eines das sich nie zu schreiben wagen würde, durchleben um perfekt zueinander zu passen. Einander kennenzulernen und mehr über den anderen zu erfahren und zueinander zu finden. Ich denke auch, dass dies bei vielen anderen großen Beziehungen, recht ähnlich ist. Man projiziert das bisher bekannte auf das neue, das zwar Richtig ist, aber nach alten Schmerzen bewertet wird. Man hat Angst vor einem Schmerz der eintreten kann, aber nicht muss. Ich habe mich auf beide Möglichkeiten eingestellt. An den Verlust des anderen, also den Tod der Geliebten, und an eine symbolische Bedeutung. Ich bewerte das tatsächliche nicht. Weil ich aus beiden Eventualitäten lernen kann. Nicht nur für mich. Was aber am Ende Wahrheit hat, lasse ich offen. Dies schafft hinter alledem einen großen Schmerz den ich jeden Tag lebe. Gleich wohin ich auch immer meinen Schritt lenke er ist immer bei mir. Was mir geholfen hat, war das Erkennen des Standpunktes des anderen. Das gleich was auch immer Teil meines Lebens sein wird. Das dieser Punkt auf diese Weise für mich geschaffen ist und mit mir zusammen diesen Weg gehen will.

Vieles hat nicht nur einen Faktor sondern unendlich viele. Man kann alles solange auf einen gemeinsamen Nenner bringen bis man das Grundproblem erkannt hat.

Man muss abwägen hinterfragen. Man muss das Für und Wieder erkennen. Doch das Grundproblem ist in den meisten Fällen vorschnelles Urteilen an dem was man bereits kennt und dem was einem bereits gezeigt wurde. In der westlichen Welt wird uns eine steigende Verurteilung der Islamisch geprägten Welt aufgebunden. Es verallgemeinert eine gesamte Religion und sorgt für eine steigende Grundangst diesen Menschen gegenüber. Andererseits gibt es Kräfte in ihrer Welt die uns gezeigt werden, bei denen wir ernsthafte Bedenken kennen. Ich bin der Meinung, dass diese Kräfte in ihrer Gemeinschaft genauso wenig ihre gesamte Welt repräsentieren wie es in Deutschland jede rechts gerückte Gruppierung tut. Was wünschen sich die Menschen hinter alledem? Sie wünschen sich eine Veränderung zum Besseren und haben ihre hohen Ideale an ihre Angst verloren, dies wird von einigen wenigen die sich mit überholten Wertvorstellungen Identifizieren schonungslos ausgenutzt. Man muss diesen Menschen ihre Kurzsichtigkeit und die blinde Zerstörung klarmachen die sie auslösen. Vieles wird durch Stolz und Sturheit zerstört. Und das was keine Angst vor dem Tod hat, besitzt eine Grundangst vor dem Leben.

Bei vielem haben die Leute das sagen, die nie in der Situation der Menschen waren, über die sie Entscheidungen fällen. Man würde viel bessere Urteile fällen wenn man den betroffenen mehr zuhören würde. Den Erfahrenen, die jeden Tag in dieser Situation sind. Sie fühlen sich durch den Mangel an Weitsicht ungerecht behandelt und übergangen, was eine echte Störung zwischen ihnen auslöst.

Wichtig ist das Hinterfragen der dadurch getroffenen Entscheidung, denn die Betroffenen sprechen oft eine andere Sprache als die für die Entscheidungen treffen. Man stammt aus unterschiedlichen Welten und jede Welt hat eine andere Sprache. Es gibt schnelle Welten und langsame Welten. Laute und Leise. Helle und dunkle. Stumme und schrill schreiende. Man muss lernen zuzuhören, nicht nur mit den Ohren. Man muss einiges am eigenen Leib erfahren um es zu verstehen. In die Haut des anderen schlüpfen. Man sollte die Bereitschaft zur Einsicht haben. Man muss bereit sein am anderen zu lernen. Sich zu überlegen wie man ihm helfen kann oder zumindest seine Sicht der Dinge besser zu verstehen. Ein Straßenbahnfahrer, der dreißig Jahre Berufserfahrung hat, trifft eine andere Entscheidung als einer der im Verkehrsministerium arbeitet und noch nie auch nur in der Nähe einer Straßenbahn war und sein gesamtes Wissen über Verkehrswesen und dergleichen nur aus Büchern kennt. Die Kommunikation ist Richtig und vor allem wichtig. Kein Ross so hoch sein und kein Sattel so tief. Teilung ist Illusion.

Wahrscheinlichkeit schafft Möglichkeit. Man muss in sich die Wahrscheinlichkeit erzeugen und fördern um etwas in seinem Leben, oder sich als Person, zu ermöglichen. Übung gleich welcher Art wird immer eine Förderung in dem Bereich erzeugen mit dem ich mich Beschäftige. Sei dieser nun positiv oder negativ. Wenn man sich aussucht welchen Beruf man ergreifen soll, dann sollte diese Arbeit den persönlichen Anlagen entsprechen. Man wird in gleich welchem falschen Bereich immer irgendeine Art des Wiederstandes erzeugen. Sei es nun in sich oder seiner

Umwelt. Die Widersprüche in sich selbst werden immer hinter einem bestimmten Bereich aufgestaut, der sich dann gleich einer infernalischen Sturmflut entlädt. Auf die eine oder andere Weise. Sei es nun durch eine zunehmende innere Leere und der Flucht aus dieser oder anhand einer Anspannung die man nicht länger erträgt. Es kommt auch sehr darauf an in welcher Weise man den Beruf ausführt den man ausführt. Er kann auch der Richtige sein, nur mit dem wie ist man unzufrieden. Das wie sollte nicht geopfert werden, weil das immer auf Kosten jeglicher Produktivität geht. Der moderne Mensch wird in irgendeine Schablone gesteckt und muss danach Funktionieren. Die Forderung nach Gleichmachung stammt aus dem Moloch der Industrie und nicht von einzelnen weit-denkenden Personen.

Diejenigen, die diese Welt meinen zu destabilisieren, werden irgendwann an einem vermeintlich sicheren Ort gebracht. Und gleich wo dieser Ort auch immer sein mag er noch so weit entfernt noch so geheim sein. Dort wird etwas auf sie warten. Vielleicht werden sie es noch nicht am ersten Tag bemerken, oder der ersten Woche. Doch es ist da, in den seichten Schatten, im Murmeln eines Wasserhahnes, in einer dünnen rot werdenden Rasierverletzung, einer Hautfalte. Sei es auch nur ein einziger Wassertropfen. Doch es wird dort auf sie warten. Und jenes wartet dort schon sehr lange auf sie. Und nein, sie können vor diesem Punkt nicht flüchten oder ihn auch nicht in irgendeiner Weise abwenden. Auch wenn sie ihn erwartet haben, sie werden ihn nicht in dieser Weise erwarten. Fragt nicht was dieser Punkt ist, denn er ist nur für diese Personen dort Platziert worden und nicht für euch. Und gleich in welcher Epoche, dieses wartete immer an diesem Platz.

Oft stecken ganz andere Dinge dahinter, als offensichtlich sind. Das was für moderne Menschen vordergründig wichtig ist kann keinerlei Bedeutung haben für Kulturen die nicht nach der modernen Marktwirtschaft leben, oder noch nicht mit dieser in Berührung gekommen sind. In ihrer Welt gilt die Achtung füreinander und für die Natur mehr als die Anhäufung von Besitztümern. Ihr Wissen ist meist auf anderen Gebieten weitreichend und sie bauen ihre Weisheit und ihre Erfahrung durch mündliche Überlieferung aus. Unverständliche Verhaltensweisen oder auch nur die banalsten Regeln können im Hintergrund einer großen Erfahrung zugrunde liegen die sie im Laufe ihrer Geschichte Gemacht haben. Und auch wenn diese Personen nie je einen Menschen von außen an sich heranlassen würden. Die Gründe dafür sind sehr Breitgefächert und für ihr Überleben oder das Überleben der Menschen im Außen von entscheidender Bedeutung. Es herrscht mehr Achtung füreinander, weil man den Wert des Menschen und der Welt in der er lebt anders, doch wie ich finde nicht weniger wichtig, betrachtet wird. Sie haben gelernt mit der Natur und ihren Gaben umzugehen, diese zu schützen und zu achten. Sie wissen, dass der Mensch ein Teil dieser Natur ist und diese Respektieren muss. Dieses Gespür zu entwickeln für die Natur und dem Menschen darin ist ein elementarer Teil für den Respektvollen Umgang mit dem was uns alle ernährt. Von dort wo wir alle herstammen. Wir kommen alle aus der Natur, gleich was auch immer für Stufen dazwischen stehen. Wenn man dem evolutionären Weltbild glauben mag, stammen wir alle aus der Ursuppe. Und daher ist der Glaube es gäbe die eine bessere Rasse völlig Sinn-frei. Gleich wie der moderne Mensch auch immer entstanden ist, ob nun fremde Einflüsse auf gleich welche Art und Weise auch immer dazu beigetragen haben oder eben nicht, dahinter kommen wir alle aus einer blubbernden Brühe. Wie gesagt nach dem evolutionären Weltbild. Das ich genauso für möglich halte wie den Gedanken erst vor drei Sekunden entstanden zu sein, mit allem was ich habe, weiß, kenne und bin. Der Mensch der in einem Ich-erleben festsitzt hat am Ende keinerlei zweifelsfreie Beweise dafür das es eine Welt Außerhalb von sich selbst gibt. Ich lasse offen was Richtig ist. Möglich ist das eine wie das andere. Wenn man den verschiedenen Weltkulturen und ihre Mythen glauben darf ist hinter der Welt noch eine weitere, ungesehene und uralte. Es ist nicht möglich zu erfassen was hier Richtig ist und was nicht. Es muss auch nichts Falsch sein, möglich ist all dies. Das Beste wie das schlimmste ist absolut möglich. Irgendwann wurde eine gewisse Wahrscheinlichkeit dafür geschaffen. In gewisser Weise halte ich es für möglich das Parallele Welten anhand der Resonanz wahrnehmbar sind. Jede Idee, die auf gleich welche Art und Weise auch immer festgehalten wurde, kann einer starken Welle entspringen die aus einem anderen parallelen Hauptstrang herrührt. In diesem Strang löst sie Ideen aus die zu den Geschichten führen wie wir sie in Filmen oder Büchern finden. Und auch wenn die großen Epen auf Tatsachen beruhen und jede Welt hier und jetzt ist. Jede Geschichte wirkt durch die Welten und sendet Spitzen durch die Zeiten.

Wenn auch immer von Prä-kognitiven Erleben berichtet wird, hat es meist mit einer extremen Seelischen Belastung im Voraus zu tun. In anderen Fällen wurde es vererbt. Der Bereich des Prä-kognitiven Erlebens wurde in der heutigen Wissenschaft, zumindest in der bekannten, als praktisch nicht vorhanden abgetan. Es wird gleichgesetzt mit anderen Dingen die den Ärzten eher bekannt sind und bei denen sie glauben es vollständig erfasst zu haben. Wunder und dergleichen sind nur Naturgesetze die man noch nicht erforscht hat. Und Dinge die offen erforscht sind, werden durch den Versuchsaufbau meist schon im Voraus bestimmt. Prä-kognitives Träumen, ist wie ins Kino zu gehen, sie erhalten einen kurzen Überblick über den Film der kommt (Geschehnisse in ihrem Leben), wissen jedoch meist nicht genau wann diese Passagen in dem Film eingebaut sind. Sie wissen nur das doch nicht wann, wie und warum. Ich unterscheide zwei Arten dieser Träume, symbolische und direkte Wahr-träume. Bei den einen bekommt man Symbole gezeigt die mit der Jeweiligen Situation direkt zu tun haben. Bei den direkten Wahr-träumen erlebt man das spätere Leben aus der Ich-Perspektive heraus. In beiden Fällen erlebt man die Träume als ob man in wachem Zustand wäre. Mit Temperatur, Körpergefühlen (Schmerz, Liebe, Trauer etc.) und es ist meist so intensiv das man glaubt dabei wach zu sein. In der Regel werden diese Träume in der Kindheit bemerkt und sie entwickeln sich auch bis zu einem erweiterten Erleben in das wache Leben hinaus weiter. Fast alle diesen Personen fehlt das Verständnis ihrer Mitmenschen. Sie haben Angst als schwachsinnig hingestellt zu werden und schweigen daraus still in sich hinein.

Was in dem Leben dieser Menschen meist mehr Probleme als Lösungen schafft. Die Wahrnehmung ist für den „normalen" recht begrenzt. Er nimmt weniger wahr als wirklich da ist. Er hat einen begrenzten Filter, die ihm nicht sehr vieles erlaubt. Sollte etwas diese Schwelle zwischen dem was im Allgemeinen wahrgenommen wird und dem was zwar da ist und nicht wahrgenommen werden kann überschreiten denkt man oft Dinge zu sehen die nicht da sind. Ob diese Dinge nun da sind oder nicht da sind ist am Ende nicht gelöst. Es wird von der alt geblieben Schulwissenschaft von dem Standpunkt ausgegangen, dass das Erlebte da ist und es darüber hinaus nichts gibt. Die neuere und offenere Wissenschaft setzt anders an. Es kann von keinem Versuchsaufbau den ich kenne eindeutig bewiesen werden das Halluzinationen nicht aus dem da draußen in das drinnen oder umgekehrt wahrgenommen werden. Möglich ist das eine wie das andere. Dass beides möglich ist, denke ich hänge vom jeweils eigenen offenen Betrachten ab. Ich weiß, dass ich nicht halluziniere. Also gehe ich davon aus das ich Dinge die nicht da sein sollten eher an Orten finde an denen sie am Wahrscheinlichsten sind. Wenn ich weiß das in einem Bestimmten Wald ein Unruhiger Geist in Form einer weißen Frau herumwandelt. Dann wundert es mich nicht, dass eine solche mir mal in diesem über den Weg läuft. Wenn bei mir Zuhause Unheimliche Dinge geschehen, dann gab es am Abend Pilze und mein Vater hat Verstopfung. Mehr will ich zur Situation nicht sagen. Ich will nur erwähnen, dass es mir seither sehr leicht fällt durchschlafe. Und auch nicht mal mehr ansatzweise daran denke um drei Uhr morgens ins Bad zu wandeln.

Es sollte gelernt werden mit präkognitiven Erleben oder ähnlichem Phänomenen, wenn dieses wirklich in einem vorhanden ist (hierbei von Erfahrenen erfassen lassen), richtig umzugehen. Die meisten die behaupten in die Zukunft zu sehen, anhand von Karten, sind in Wirklichkeit meist keine Hellseher sondern Körpersprachspeziallisten. Es gibt wenige, die dies wirklich können. Meist geht ein extremer seelischer Schock voraus, die direkte Bedrohung des Lebens zum Beispiel. Bei mir war es der Punkt, das mein leiblicher Vater meiner Mutter die Zähne ausgeschlagen hat und sie überhaupt verprügelt hat als sie mit mir schwanger war (Ich habe ihm vergeben, weil ich sehr daran gewachsen bin und nie wieder ein Punkt in meinem Leben so schlimm sein wird, was mir sehr die Angst vor dem Leben genommen hat). Die die es können tun dies in dem Wissen das sie nur in den jeweiligen Bereich blicken können. So wie er jetzt ist, wenn nichts geändert wird. Die wirklichen Hellseher sehen meist nur Knotenpunkte in dem Leben des Menschen in das sie blicken. Darüber hinaus kann es sein das sie gewisse Dinge darüber hinaus sehen. Auf keinem Fall sollte einem Wahrsager gleich welcher Art, auch nur ein Wort über sich selbst und sein Leben gesagt werden. Ich will ja nicht sagen was ich schon weiß, sondern was ich noch nicht weiß. Es gibt auch Menschen die aus Gegenständen Gefühle oder ähnliches heraus lesen. Jeder Gegenstand hat eine Geschichte, ein Jetzt, ein später, ein Irgendwann. Seine Existenz ist nicht nur jetzt sondern solange dieser besteht. Alles was er Mitbekommt ist in ihm. Wenn die Menschen ein Glas berühren, kann ein starkes Gefühl diese Menschen auf das Glas übergehen. Aber gleichzeitig ist das Glas voll und Leer. Es ist Sand, in Hitze zäh fließend und schon in unendliche Scherben zerbrochen. Alles gleichzeitig. Nur nicht im hier und jetzt. Einige Menschen können aber Knotenpunkte in der Existenz dieses Glases wahrnehmen. Es gibt auch Knotenpunkte von denen hellsichtige Menschen wissen, es ihnen aber nicht sagen werden. Ihren Tot zum Beispiel. Auch wenn sie ihn sehen. Die echten werden ihnen nie sagen wann und wie und wo sie das zeitliche Segnen. Sehr Junge hellsichtige wissen das jedoch meist nicht und es kann sein das sie es von ihnen erfahren. Und nein hier sind nicht Pubertierende Gören gemeint die ihnen in ihrem hormonellen Chaos den Tot wünschen. Eltern waren ja auch mal jung und unerfahren.

Lassen sie ihre Kinder ruhig bestimmte Fehler machen, sie lernen dadurch mehr als wenn sie ihnen im Voraus schon Angst machen. Sie können ihre Kinder nicht immer beschützen. Es wird immer Punkte geben, an denen sie nicht für sie da sein können. Die sie alleine durchleben müssen. Eigene Erfahrungen sammeln sollen. Lassen sie den Kindern ihre Welt. Hören sie ihnen zu, aber vor allem auf das was sie nicht sagen. Manche wünschen sich etwas ganz anderes als sie in ihrem Alter. Lernen sie wann es wichtig ist loszulassen und wann sie Führung brauchen. Lernen sie ihnen Wirtschaften, den Umgang mit dem was ihnen zur Verfügung steht. Und ihre Träume zu verfolgen. Ihre Talente zu fördern. Ich wollte früher Paläontologe werden. Ich war schon immer daran Interessiert Dinge auszugraben und zu untersuchen. Sie für mich Greifbar und auch die Geschichte dahinter zu erfassen. Ich habe nur einen qualifizierenden Hautschulabschluss. Keine Realschule, kein Abitur. Ich bin Glücklich darüber. Ich wüsste sehr viel in meinem Leben nicht wenn ich einen höheren Bildungsweg eingeschlagen hätte. Vieles das ich heute weiß habe ich durch Erfahrung mitbekommen und durch eigenes Nachforschen und nachdenken für mich erschlossen. Schulbildung ist kein Garant für Intelligenz. Oder auch nicht das man mit dem späteren Leben klar kommt. Manche Menschen sind so oben drüber und hochnäsig durch ihre Bildung oder ihren Stand das sie auf alle anderen nur mit Verachtung herabblicken. Und glaubt mir genau da liegt die größte Gefahr. Irgendwann kommt auch ein Punkt zu diesen Menschen der in der Zeit auf sie wartet. Und den sie hinter alledem erkennen werden. Die meisten Menschen suchen Zeit ihres Lebens nach mehr Leben. Weil das Leben das sie führen und alles was sie sich erarbeitet haben ihnen dies alles nicht bringt. Und zu dem Zeitpunkt an dem sie dies bemerken ist es viel zu spät um umzukehren. Man kann dann immer noch die Atemzüge der Freiheit machen, nur es werden sehr viel weniger sein. Wenn man überhaupt erkennt das man diese braucht. Sehr viele verdrängen ihre wahren Bedürfnisse und erkennen erst gar nicht warum ihr Leben so ist wie es ist.

Viele Dinge die Psychisch belastete Menschen können, und zwar von Natur aus, wird von den netten Normalos mit großer und stummer Angst beäugt. Oft sind es nicht die Dunklen Fähigkeiten die sooft besungen werden in den Klageliedern. Oft haben diese Personen einen Grundsoliden Zusammenhalt und sind mehr füreinander da. Viele von ihnen haben ein Helfersyndrom, dass ihnen das Helfen ohne Gegenleistung ermöglicht. Was aber in dieser Welt oft ausgebeutet und missverstanden wird. Sie müssten einen gesunden Umgang damit lernen. Lernen auch mal „Nein!" zu sagen.

Damit es in konstruktive Bahnen gelenkt wird und nicht selbstzerstörerisch wirkt. Der gewöhnliche Rädchen-im-System Mensch der dies irgendwann erkennt, ist von Grund auf suizidal. Er weiß es nur noch nicht. Ich spreche hier nicht von den kleingläubigen Knallkörpern die bei ihren Zweiundsiebzig Zwangspuzzlesüchtigen Zugekorkten schon bevor sie jenen ankommen, schon jede Unlust auf jede Korkenzieheraktion verhindern. Ich spreche hier von Ottonormalrad im System. Es gibt die die das von langer Hand planen und die Kurzschlussaktionen. Betroffen ist von Grund auf jeder. Wenn man diesen einen Punkt trifft dann springt jedes Männchen von der Brücke. Ohne jede Mühe, Vorwarnung und vollkommen freiwillig. Und nein, das Männchen weiß nichts von diesem Punkt oder dem wann und dem wo oder dem wie. Es passiert, jeden Tag auf der ganzen Welt. Und jeden kann es treffen. Also fragt euch nicht „Wie kann er denn nur?" sondern sagt „Ich hätte es sein können, und danke großer Manitu, das Du mich noch auf deinen Weiden brauchst!". Der Mensch bestimmt keines Menschen tot. Der Mensch bestimmt auch keines Menschen wert. Jeder Mensch ist ein wichtiger Teil dieser Welt, auch du. Und wenn man dich in die ewige Grube fahren lässt, denke daran das du nur die Räume wechselst und nicht das Haus. In der Form wirst du hier nicht mehr gebraucht, sondern auf deine einzigartige Weise in einem anderen Zimmer. Wir sehen nur nicht alle Zimmer, aber denkt daran es ist ein Haus.

Ich bin ein Mensch der keine Angst vor dem Tot hat, weil ich finde das es nicht nötig ist vor etwas Angst zu haben das ich nicht erfassen kann. Das Unbekannte braucht man nicht fürchten, weil man es nicht kennt.

Man weiß nicht ob es gut oder böse ist. Man muss ihm vorurteilsfrei gegenübertreten. Auch nur dann kann man es ohne jegliche Fremdeinwirkung erfassen. Auf gleiche Weise gehe ich an alles heran, dass ich nicht kenne. Kann ich es nicht erfassen, dann lasse ich dem Unbekannten Raum, sich selbst mir zu erklären. Es geht darum mit Bereitschafft zuzuhören. Wenn das andere mich schädigt frage ich warum. Liegt es in seiner Natur? Aus welchen Gründen tut es, was es tut? Für einen Menschen wie mich, der sich in sehr kurzer Zeit sehr oft versucht hat das Leben zu nehmen ist es schwieriger das Leben zu erfassen als den Tot. Ich fürchte mich regelrecht zu Leben. Der Tot ist in unbekannte Ferne gerückt. Doch er ist immer da wie ein Bruder der mich immer begleitet und ein Teil von mir und jedem anderen ist. Ich fürchte ihn nicht wenn er seine Arme um mich schließen wird. Alles was davor kommt ist Grund für das morgen.

Es gibt Schmerzen im Leben denen man nicht ausweichen kann und mit denen man nicht fertig wird. Vor allem nicht, wenn man sich selbst aufgibt und vor ihnen in jeder Hinsicht auf gleich welche Weise auch immer Flüchtet. Es gibt endlose Arten der Flucht. Die schwerste aber ist die in sich selbst. Das tiefer und tiefer Fallen und dem was man am Grunde dort findet. Man findet nie sich selbst sondern nur etwas anderes das in abstrakter Weise man selbst zu glauben scheint. Was man dahinter wirklich ist, wird bei einem schonungslosen Blick in den Spiegel mit schonungsloser Ehrlichkeit sichtbar. Fremde werden am allerwenigsten erkennen wer man geworden ist, außer die die gelernt haben hinter all das zu blicken. Sie sind selten doch es gibt sie nach wie vor.

Sie glauben dann meist an einen mehr als man selbst es tut. Diese Menschen geben einen dann nie auf und nehmen alles auf sich um den herauszuholen den man selbst vergessen hat. Nur all das ist völlig sinnlos, wenn man den Kampf selbst immer und immer wieder aufgibt, und in keiner Weise mitkämpft. Der Blick in den Spiegel offenbart oft nicht nur sich selbst.

 Ein unvoreingenommener, wertungsfreier Blick jenseits von dort wo man auch immer steht, ist meist ein ebenso großes Licht und auf gleiche Weise heilsam. Frag dich einfach, bist du all das hier. Und wenn ja, will ich das sein? Habe ich mich auf dem Weg selbst verloren? Kein Weg ist so falsch als das da nicht eine Hand wäre die uns aufrichtet. Uns zurück auf den Weg führt den wir uns hinter all den Mühlen des Verdrängens wirklich suchen. Das verdrängte bricht irgendwann durch und erinnert uns dann das da mehr in unserem Leben ist als das wir uns zugestehen. Uns momentan zutrauen. Dieser Dammbruch soll uns Mut machen und uns reinigen, uns Platz machen in uns und unserem Leben für einen Weg der nicht leer ist sondern für einen selbst voller leben. Was dieser Weg für jeden einzelnen ist, werde ich niemandem vorschreiben. Der Stachel in deiner Seite wird dich solange Schmerzen, bis du ihn herausziehst doch trifft genau den Nerv der dir Zeigt was du in deinem Leben wirklich willst. Jeder hat in sich diesen Punkt und bei den meisten Menschen ist es ein Zuhause.

Dieses Gefühl der Heimat kann man an einem besonderen Ort haben oder einem bestimmten Menschen. Oder in einer bestimmten Jahreszeit. Gleich wo auch immer diese

Heimat ist. Oder wer sie sein mag .Man muss sie, bevor man sie auch nur ansatzweise da draußen sucht, in sich selbst finden. Niemand wird in der Welt etwas finden das er nicht vor aller Suche in sich findet. Das erste was man auf eine einsame Insel mitnimmt sollte man selbst sein. Und auch andersherum. Niemand findet etwas in sich bevor er es nicht in der Welt gefunden hat. Manche werden ihr ganzes Leben suchen und es nie finden, weil sie sich auf dem Weg nach dem was sie suchen in der Leere dieses Lebens verrannt haben. Doch ist diese Suche wichtig um dann wo immer man auch ankommt der zu sein der man dort sein soll und falls man zu früh ankommt, ist man zu früh. Man kann seinem Schicksal nicht vorauseilen, weil man es dann nicht erfüllen kann. Man hat noch nicht genug auf dem Weg gelernt, um an dort wo auch immer man sein Schicksal erfüllen soll der zu sein der man sein muss. Manche glauben auch ein absolut leeres Leben zu führen und sind aber in Wahrheit die größten Vorbilder für die die sie nie treffen werden. Es ist eine Frage des Blickwinkels und er schonungslosen Ehrlichkeit sich selbst gegenüber.

Auf meinem Weg bin ich weite Wege gegangen und habe erst für diese ausgelernt wenn mein Fluss in ein anderes Zimmer dieses Hauses mündet. Dann werde ich andere Sachen lernen und andere treffen. Andere Lektionen werden mir auf meinem Weg gestellt werden und es werden mir auch andere Regelwerke und Möglichkeiten an die Hand gegeben um diesen Weg zu gehen. Gleich wann und gleich wo ich ihn beginne oder wie dieser auch wieder in ein anderes Zimmer mündet das im Grunde genommen nur diese hier überlagert.

Aber Angst habe ich nicht davor, es wird immer eine Neugier in mir geben die mich anspornt neues zu suchen und unvoreingenommen auf die Dinge zu blicken die das Leben mir zeigt. Es mit Geduld zu betrachten und in mich zu hören und auf die Stimme dessen was mir da geboten wird. Was es auch immer sei. Wo auch immer es sei. Wann es auch immer sei. Ich bin jetzt, ich bin hier. Ich bin der, der ich bin.

Ich habe die Anteile in mir, durch eine Art seelische Mythologie, zu erklären verstanden. Jedem Anteil einen Platz gegeben. Jedem Teil zugehört. Mich mit jedem Teil auseinandergesetzt auf meine einzigartige Weise. Jedem einen Platz in dieser Geschichte zugeteilt und einen Sinn gegeben. Die Hintergründe erklärt und verstanden warum sie so sind wie sie sind. Indem ich Geduld mit mir selbst gezeigt habe, kann ich nun auch andere auf einzigartige Weise verstehen. Geduld mit ihnen zeigen und Zuhören was dahinter steht.

Ich habe immer eine Vorstellung gehabt was Liebe ist. Ich habe sie mir immer von außen vorschreiben lassen und übersah dabei was sie für einen selbst bedeuten soll. Bevor ein gewisser Punkt in mein Leben kam war es immer einseitig. Und in manchen Bereichen ist das Momentane auch sehr einseitig. Das erfassen des Gefühls in mir spaltet sich in einige wesentliche Bereiche auf. Die Hauptteile sind väterliche Liebe und die Liebe die ich davor noch nicht kannte. Ersteren habe ich nicht gelernt von meinen Adoptiveltern sondern ich habe ihn für mich selbst erfasst. Ihn aus meiner eigenen Geschichte gelernt.

Es gab aus diesem Elternhaus immer eine gewisse Vorstellung. Eine Forderung, die durch mich immer versucht wurde zu erfüllen. Das Unverständnis des normalen für eine Geschichte und die daraus resultierende Person, wie ich sie bin, besteht bis heute. Die Normalität wird immer das andere Fürchten weil es ist wie dein wandelnder Schatten. Ein schwarzes Loch das sich vor einem auftut und das was man bisher gewohnt war und die Regeln dieses gewohnten Lebens einsaugt. Es wurde immer versucht mich in gewohnte Bahnen zu lenken. Und irgendeine Art von Kontrolle auszuüben. Mich auf gleich welche Art auch immer zu lenken. Die Regeln meines Lebens sind anders und schützen alle um mich herum. Nur einen schützen sie in allem gebotenen Vorhandensein nicht. Diese Person bin nach wie vor ich. Das Leben wie man es landläufig kennt ist für mich nicht richtig. Immer wurden mir Schuldgefühle eingeredet, weil nicht verstanden wurde oder nicht die Geduld aufgebracht wurde warum ich etwas tue. Es wurde das offensichtliche bewertet und nicht was dahinter steht. Und ich weiß wenn ich dieses bewerten wieder an mich heranlasse funktioniert mein Leben nicht mehr. Dies war schon einmal der Fall und in diesem gesamten Zeitraum fand keinerlei Wachstum statt. Ich habe die Wertesysteme dieser ach so heiligen Welt übernommen. Und ich weiß, wenn ich das nicht geändert hätte, würde mein Leben nicht das gleiche sein. Ich kenne den Punkt in mir an dem die Feuerstürme losbrechen und wenn ich aus einer Situation gehe wird dies oft als Schwäche oder Feigheit gedeutet. In Wahrheit setze ich mich dann mit dem einzigen Menschen auseinander dem es wirklich angeht. Nicht der Verantwortungslose der mich aus seiner eigenen Kurzsichtigkeit angreift, sondern mit mir selbst. Die größte Gefahr kommt von der Liebe in mir, sie ist die einzige Kraft die mich verletzen kann. Vielleicht auch weil nur sie es soll. Der andere Punkt ist all das andere das die gewöhnlichen Menschen verletzt. Meine andere Seite. Dieser Teil in mir der Schwert und Schild ist. Der Anteil der Löwe ist und nicht Lamm. Auch dieser wird seine Zeit haben und die sollten beten die den Liebenden Menschen in mir zertrümmern. Ich fürchte mich nicht davor, weil auch dies Teil meiner Natur ist. Doch diesen Teil lasse ich nicht von außen als Böse erfassen, ich kenne seinen Werdegang und habe seinem Dasein Sinn gegeben. Nur ich habe den Sinn bestimmt. Vielleicht ist dieser auch schon davor bestimmt worden. Ich habe mir die Richtigen Lehrer gesucht. Sie sagten, dass der erste Punkt sei, nicht in die falsche Richtung zu denken. Eines der ersten Dinge die mein Lehrer mir sagte war, das einer für zehn stirbt. Zehn für hundert und so weiter. Und hunderte Millionen für Milliarden. Doch dieser eine wird für Milliarden sterben. Und ich weiß heute, dass nicht ich es sein werde. Es wird eine andere Person sein, eine die ich Liebe. Die hier und jetzt ist um diesen Platz in mir einzunehmen und genau diesen einen Ton in mir anzuschlagen.

Ich werde diesem heiligen Fluch immer Vergeben weil sie mir Menschen geschenkt hat die an mich Glauben auch wenn ich nicht mehr dazu imstande bin. Die harte Realität dahinter ist zwar das nicht ich die Verantwortung für ihre Kinder habe, sondern sie. Und das von Grund auf sie sich darum zu kümmern hat, wen die Kinder als Elternteil bekommen. Es ist nicht meine Aufgabe. Aber es ist meine wenn ich mich durch meine Zuständigkeit dafür verantwortlich mache. Dieser Punkt gleich wie unbesehen er auch immer von außen her war, ist immer dagewesen. Sie ist eine liebende Mutter, und sobald es einem der Kinder schlecht ging waren die Feuer der Hölle in ihren Herzen und verbrannten alles. Die harte unnahbare Schale barst unter unaussprechlichen Schmerzen und gab blanke Sturmfluten der Angst frei. Schreiend, weinend. Unvermögend das Gefühl auszuhalten. Ich weiß, dass ich mehr Vater im Leben der Kinder bin, als alle die ich je kennenlernte. Ich bin der Fixpunkt wo alle anderen schwammen. Nur das darüber hinaus hat mich bei allen alleinerziehenden Müttern in meinem Leben, bei denen ich für ihre Kinder der Wunschvater war, immer tief verletzt. Keine einzige kämpfte für ihr eigenes Fleisch und Blut um den Vater den die sich wünschten. Den Menschen in Liebe zu fördern und ihn dazu zu bringen alles zu erreichen was sie sich für ihre Kinder wünschten. Sie bekamen von der Welt andere Vorstellungen mit. Und gleich wie gut und verständnisvoll sie mich auch immer sahen. Sie suchten immer noch etwas Besseres. Ich habe mich entschlossen dieses Buch zu schreiben. Nicht nur für mich, oder der drei Heiligen Gründe in meinem Leben sondern vielmehr für alle Menschen da draußen die auch Eltern und Kinder sind. Nicht nur für das heute sondern auch für das morgen. Für das Kommende das heller sein soll als dieser dunkle nebelige Dornenwald. Jedesmal wenn ich auch nur ansatzweise die Zukunft der drei Betrachte schaudert es mir, wenn ich die brachliegende Entwicklung bemerke. Und da sind diese Kinder nicht allein, es gibt unzählige Kinder die ähnliches in ihrem Leben stehen haben. Unterforderung und wahlloses stumpfes lernen. Das Fördern des unspezifischen schafft

Zwergobst. Von Grund auf die Interessen und Talente Fördern und somit ein zwangloses und freieres Lernen ermöglichen.

Manche fordern das ich ein normales und gewöhnliches Leben führe. Und dann stelle ich mir immer die Frage was je in meinem Leben normal war. Das fing bei der Zeugung an ging über die Schwangerschaft weiter und ging weiter mit der Adoption im Alter von drei Wochen. Als ich mit zwölf Jahren Erfuhr das ich Adoptiert worden bin, fand ich heraus das alle meine Freunde, Verwandten und Nachbarn das alles schon wussten und es mir nie gesagt haben. Alle schwiegen. Kurz eine Frage wie geht es einem da? Da kommt man sich so was von jeder Richtung belogen vor das es zum Pfeifen gar nicht mehr aufhört. Aber man soll ja ein normales Leben führen. In einer Familie die Konflikte nie offen austrug, bis heute. Die Ideale Voraussetzung um in dieser Welt klarzukommen. Schulzeit und auch das Berufsleben war dadurch nicht direkt positiv. Aber man soll ja normal sein. Schade, dass mein Mittelfinger nicht größer und länger ist! Normalität?! Ihr habt ja echt einen Vollvogel!

Die Menschen die uns verlassen, sind immer noch da. Ihr Gefühl das wir mit ihnen verbinden. Das Leben das wir durch sie spüren. Die Worte an die wir uns gewöhnt haben. Auch wenn es nur ein einzelnes kleines Wort war das man vermisst (Bei mir ist dieses eine Wort „Papa"). Man vermisst in Wirklichkeit viel mehr darüber hinaus. Man vermisst Liebe, das Leben zu spüren, von der Geborgenheit gewärmt zu werden. Auf welche Weise uns auch immer ein Mensch verlässt.

Man zerbricht oft an dem Gefühl der Leere der Abwesenheit dieses Menschen. Auch wenn die Menschen für immer gehen. Man soll sich daran erinnern, dass sie einen nicht in Trauer und Schmerz sehen wollen, sondern voller Leben. Auch wenn sie jemals in meinen Armen liegt und stirbt, weiß ich heute das sie sich diesen Weg ausgesucht hat und ihn mit mir gehen will bzw. soll. Dieser Weg, der so viel mehr ist, als man sich anzublicken traut. Ich bete nicht oft. Ich tue es auf meine Weise in meinen Worten. Weil ich das wichtiger finde als etwas Vorgekautes wiederzugeben. Und dabei ist es egal ob das Gebet nun laut oder leise, oder in Worten oder Gefühlen ausgedrückt wird. Jeder sollte die für sich eigene richtige Art und Weise finden zu beten. Jenseits von Religion. Denn das Gebet an sich ist von Religion unabhängig. Sondern das was wir jenseits der Religion tun in die wir hineingeboren wurden.

Ich gehe nicht in Messen oder zu großen Religionsfeierlichkeiten. Was ich aber nicht aus einem Unglauben heraus tue, sondern aus einem eigenen Glauben heraus den mich da Leben gelernt hat. Es gibt immer den Punkt in meinem Leben der von einem tiefen Glauben durchsetzt war. Aber die Identifizierung dieses Punktes fiel mir sehr schwer. Ich versuchte ihn immer zu fassen und zu fixieren. Doch es gelang mir nicht. Seit meiner Kommunion war ich bei den Ministranten gewesen. Bis zu meinem siebzehnten Lebensjahr. Nur hat mich all diese Zeit keinen Schritt weiter an den Glauben herangeführt den ich heute habe. Der Pfarrer war wirklich ein disziplinierter und pünktlicher Mann der für normale Messen genau fünfundvierzig Minuten brauchte.

Eine Zeit an die ich gerne zurück denke. Mein heutiger Glaube hat mich gefunden. Er hat sich für mich entschieden. Dazu gehört nicht nur die Zeit nach dem Selbstmordversuch sondern auch etwas was die Zeit danach geschah. Es gab einen Tag als es mir wieder mal nicht gut ging. Und so fuhr ich wie immer herum. Es war der Todestag von Johannes Paul dem zweiten. Als ich kurz vor der nächst größeren Stadt war. Beschloss ich zur dortigen Kirche zu schauen. Ich vermutete einfach eine Art Lichtermeer vor der Kirche. Doch als ich ankam waren lediglich zwei Kerzen vor den Türen platziert. In umliegenden Bars und Restaurants besorgte ich noch mehrere Kerzen. Einige Menschen, die nach und nach eintrafen zündeten in der Kirche Kerzen an. Als ich nach dem Gebet das Gotteshaus verlassen habe, brannten acht Kerzen vor den Toren. Ich war enttäuscht. Ich beschloss, tief geknickt, zu meinem Auto zurück zugehen. Da kam ich unweit der Kirche, an einer Türe vorbei, an dem die Kirchliche Jugend einen Zettel platziert hat. Es stand so etwas wie „Wer will kann hochkommen" darauf. Ich öffnete die Türe. Hinter der Türe und bis zu dem Raum in dem die Kirchliche Jugend saß, brannten unzählige Teelichter. Als ich den Raum erreichte in dem sie saß, war an der Wand dahinter ein riesiges Gemälde des Erzengels Michael. Einer der schönsten Zu-Fälle meines Lebens. Es gab da eine Kraft in meinem Leben die mich immer wieder aufbaut. Immer wieder war sie da. Und weiß doch im Grunde nicht was dieser Punkt genau ist. Nur eines weiß ich. Ich kann diesem unbesehenen Fleck Vertrauen.

Kein Mensch sollte sich vorschreiben lassen, was er für ein Wunder halten soll. Wunder geschehen jeden Tag.

Immer und überall. Im Kleinen und im Großen. Sichtbar und unsichtbar. Vieles was wir heute für selbstverständlich halten war noch vor einhundert Jahren undenkbar. Aber das meinte ich nicht. Meistens geschehen Dinge, so banal sie auch immer für andere sein mögen. Für uns sind diese ganz unmöglichen Möglichkeiten die größten Wunder die es gibt. Sie stellen alles in den Schatten was war und ist. Vielleicht geschehen noch größere. Aber bis zu dem Zeitpunkt war es für uns etwas absolut unmögliches. Als hätte Jemand einen neuen Kontinent entdeckt. Tief in uns wissen wir, er ist da, nur noch nicht entdeckt. Und wenn wir nach unendlichen Ewigkeiten des Suchens, und den dunkelsten und schrecklichsten Gefahren endlich Land sehen, wissen wir nichts von diesem. Wir kennen nicht seine Größe, noch die Früchte, nicht Flora, noch Fauna erst recht nicht das Klima. Wir wissen im Grunde genommen nur, dass es da ist, das Land. Das Wunder, diese mögliche Unmöglichkeit. Und um dorthin zu gelangen sind wir gewachsen und größer geworden. Habe neue Handwerke gelernt, jedes dass wir für unser Überleben und weiterkommen brauchen. Irgendwie wird man ein anderer. Und schon ein Stück in diesem noch unbekannten Wunder Zuhause. Gleich wie es auch immer für uns aussehen mag. Ein Teil von uns war schon immer da. Es gibt bei allen Menschen etwas das Zukunft in der Vergangenheit hat, der Punkt der schon immer da war. Oft ist die Suche nach etwas wichtiger als das finden. Denn erst durch die Suche Entwickeln wir uns weiter, wachsen und lernen. Manchmal ist der härteste je geführte Kampf vergebens, denn auf den Meeren gibt es auch die Strömungen und die Winde die wir nutzen können. Und es gibt Punkte die finden uns und bringen genau diesen einen Punkt in uns zum Schwingen der genau den Menschen schafft der wir für diese Welt sein sollen. Was zweifellos auch ein Wunder ist.

Es gibt Menschen die einem jegliche Menschlichkeit aberkennen. Aufgrund ihrer Vergangenheit, ihrer Ausbildung, ihres Standes oder aus diversen anderen Gründen. All das hat aber nichts damit zu tun das man ein Mensch ist und es auch bleibt. Und hierbei zählen nicht Unterschiede wie Hautfarbe, Geisteszustand, Herkunft, Zustand oder Vollständigkeit der Körperteile oder irgendein anderer Grund der auch nur einen einzigen Unterschied ausmachen könnte. Jeder Mensch hat Verantwortung für den anderen Menschen nach seiner Veranlagung. Und mit Veranlagung meine ich nicht das oben aufgezählte. Es gibt Berufe, die nur von bestimmten Menschen aufgrund ihrer Talente ausgeführt werden können. Aber das schließt keine Zuständigkeit für den anderen aus. Im Gegenteil. Ein finanziell begünstigter Mensch ist sehr wohl in der Lage in einem Pflegeberuf zu arbeiten. Aber aufgrund seiner Lebensumstände kann er dies vielleicht nicht tun. Weil ihm das Leben die dafür angeschlagene Seelische Veranlagung (und damit ist nicht Gier gemeint oder Selbstsucht sondern seelische Belastbarkeit) nicht vom Leben mitgegeben wurde. Die Zuständigkeit dem anderen gegenüber hat er jedoch in sich als richtig und notwendig erfasst. Die Gründe hierfür sind nebensächlich. Für ihn ist es eher Ratsam die zu unterstützen die Seelische Belastbarkeit mitbringen. Sowie, den Betreuten, ein möglichst schmerzfreies Leben zu ermöglichen. Unabhängig davon darf nicht vergessen werden was erleichtert wird. Menschen die zurück, in ein Leben in erhöhter Selbständigkeit geschickt werden, sollten auch die nötigen Fähigkeiten vermittelt werden, dies auch konstruktiv umzusetzen. Kein Mensch ist allein auf der Welt. Und jeder Mensch muss die Einsicht haben den anderen unvoreingenommen in seiner Individualität zu akzeptieren. Solange man keinen Gruß mit irgendeiner Art von Abfälligkeit ausstößt hat man noch nicht diesen Punkt erreicht. Man empfindet den anderen nicht für Würdig neben sich Platz zu nehmen. Wobei es dieselbe Bank ist und es keinerlei Nummerierung der Plätze gibt, sowie kein vorne und kein hinten. Die Bank hat genug Platz für alle und ist Kreisrund.

Was dort draußen so konfus und im Chaos versinkend aussieht. Ist im Hintergrund ein fraktal-durchsetztes Uhrwerk. Unendlich fein verzweigt. Es tickt still vor sich hin und jedes krachen und knarzen das auf der Welt vernommen wird ist eine weitere Stunde vorwärts in die Ewigkeit. Aufgereiht an einem Strang der sich seit Anbeginn der Zeit in unendliche Möglichkeiten und Stränge teilt. Jeder einzelne wirft durch feine unzerreißbare Fädchen Schwingungen bis in den Hauptstrang hinein. Unsere Welt. Diese Dimension. Knoten um Knoten hangelt sich die Zeit voran. Es geschieht nichts ohne Grund. Und wenn einer der Fäden reissen oder abgeschnitten werden soll, gab jener lange vorher eine einzelne unmerkliche Frequenz ab, die exakt die richtige Welle an einem anderen auslöst. Um dorthin zu wandeln wohin dieser ewig ungesehen führt.

Es gibt Teile in meiner Innenwelt, die sind immer noch unbeleuchtet. Sie legen Zeit meines Lebens im Schatten. An dem Fleck den ich nicht weiß, wie ich ihn beleuchten soll. Und dieser nebelige dichte Wald der daraus Entsteht, treibt mich je um. Eine Eindeutige Antwort habe ich darauf noch nie erhalten. Es kann auch gut sein, das sich dieser Punkt längst für mich entschieden hat. Dass er mich durch alle Zeit, die wahrnehmbare und die nicht zu erfassende, geleitet und gelehrt hat. Das er mir Knoten in mein Leben setzte die immer mehr Licht warfen auf Bereiche die vorher noch unbeleuchtet waren. Und es gibt großes Vertrauen in mir, das mir dieser auch den letzten Schatten aus meiner Seele vertreiben wird.
Nur das die Zeit dafür eben noch nicht gekommen ist. Was dieses gleißend helle Licht ist, weiß ich nicht. Noch weiß ich wann oder wo dieses in mein Leben treten wird.

Jeder Punkt auf dieser Welt ist Wunderschön. Und die Menschen die durch die Generationen dort zuhause sind, sind in ihren Grundzügen eine Verzierung. Alte Kulturen die eine weitreichende und reichhaltige Geschichte haben wird in der heutigen Zeit weniger wahrgenommen als dies noch vor einigen Jahrzehnten geschah. Die Welt wird angepasster. An eine Welt die sie in ihren Grundzügen sich selbst entfremdet. Die sie ihren Wurzeln beraubt. Diese ausreißt und den Zugang zu jeglicher natürlicher Nahrung verwehrt. Auch die Völker die Zeitlebens in den wunderschönsten Flecken der Erde leben, werde ihrer Heimat beraubt. Ein natürlicher Dialog, oder ein konstruktives heranführen wird in den wenigsten Fällen versucht. Aber nicht von den Menschen die zu ihnen kommen, sondern von dem was sie treibt.

Dem verständigen Menschen dahinter wird der Verstand ausgebaut und durch etwas anderes ersetzt das er selbst nicht sehen will. Aber für alle Maßen für Natürlich hält. Das diese aber in keiner Form im Sinne der Natur ist, für diesen Punkt wird er geblendet.

Bei einer Gesprächsgruppe in einem Krankenhaus war einmal das Thema Suizid.
Der Patient der schon einige Depressionen hinter sich hatte fing an: „Ich habe es schon zweimal versucht bei mir hat es irgendwie nicht geklappt…" Darauf sagte ich „Ich habe es schon über zehnmal in unter zehn Minuten probiert. Ich habe offensichtlich nicht die Wahl…" Da sprach der Vorsitzender der Versammlung, wobei es in jeder Form egal ist ob das ein Arzt war oder irgendein Wesen aus dem Wunderland "Jeder Mensch hat die Wahl…"

Also, wenn ein Suizidaler Patient von sich ausgeht das er am Leben bleiben soll, dann verändere ich in keiner Weise diese Sichtweise. Normal für mich wäre es gewesen wenn er gesagt hätte „Der Sinn für dieses Ereignis liegt so offensichtlich vor Dir wie dieser von Kotzflecken durchzogener Teppichboden. Du sollst es nur gerade eben jetzt noch nicht sehen. Aber Glaube mir die Zeit wird zeigen das es sich lohnt darauf zu warten, und bis dieser Tag kommt möglichst viel zu lernen." Mit lernen auf dieser Welt ist man erst fertig wenn man tot ist. Trotzdem bin ich immer noch der Meinung bei dem ganzen Quatsch den ich im Leben mitgemacht habe und mehr als 30 Situationen in denen ich fast Hopps gegangen bin, dass das später als Früher sein soll. Aus einen Grund den ich offen lasse.

Und werde auch aus diversen Gründen auch nicht mehr versuchen bestimmte Dinge zu versuchen. Trotzdem hat mich ein gewisser Aufenthalt in bestimmten Kliniken mindestens dreimal das Leben gekostet. Aber man muss ja den Ärzten vertrauen...

2009 erhielt ich den Führerschein wieder unter Auflagen, unter anderem Medikamente einnehmen mit Nachweis. Eines davon war ein Mittel, das motorische Störungen auslösen kann. Es kann sein das einem beim Niesen der Kopf hinten hängen bleibt oder wenn man sich Fritzi in der Schule meldet dann meldet er sich die nächsten Stunden auch noch. Die Lehrerin hat dann die Aufgabe das nicht Blöd aussehen zu lassen. Besagtes Mittel löste bei mir eine Störung der Augenlider aus. (Zum anderen stand ich Lichtjahre neben mir, wie bei den anderen Mitteln die ich zu jener Zeit bekam auch) Jedoch trat das mit meinen Sehorganen nur während des Autofahrens auf. Ich musste es aber von offizieller Stelle nehmen damit ich mein Auto überhaupt fahren durfte. Und das ist leider kein Einzelfall....

Mein mir zugewiesener Psychiater schickte mich dann in Richtung Augenarzt weil er alle Eventualitäten ausschließen wollte, als ich bei ihm besagte Störung erwähnte. Spannende Situation. Und nein, nicht für sämtliche Augenärzte dieser Welt, die alle wissen woher das zubleiben der Lieder gekommen wäre. Und ich wusste es von vornherein auch. Nur wenn ich unterm Autofahren eine Störung der Lieder bekomme heißt das von offizieller Seite ich wäre absichtlich in den Gegenverkehr gerannt! Was ich aber seit meinen drei Heiligtümern tunlichst in jeder Form vermeide. Was der Patient mit Suizidalität ist immer noch am Leben?! „Lieber Chefarzt bei mir wirkt nichts. Könnten wir nicht mal irgendwie Psychotherapie oder etwas anderes versuchen?Vielleicht ist ja auch die Diagnose Falsch...“ Seine Antwort als Fachmann „Nein, bei ihnen helfen nur Medikamente!“ Ins Grab hinein oder wie?! Was wir sind überbelegt? Wie viele mit Selbstmordhintergrund haben wir? Eid des Hippokrates am Arsch! Heil Pharmaindustrie! Wenn die Medikamente nicht helfen überdenke ich mal die Diagnose. Bei meiner will mein neuer Arzt gar nicht wissen wie viele da draußen unterwegs sind, die falsch behandelt werden. Und eben auch immer Medikamentenunverträglichkeit haben. Ich nehme ein frei verkäufliches Mittel das mich Stabil hält. Die Anfangsdiagnose wurde im Grunde genommen nur gestellt, weil das nicht hinterfragt wurde was ich so erzählte. Ich ging damals davon aus, das die anderen ja wissen was ich meine, wenn ich was sage weil ich immer mit mir alleine war und ja wusste was ich meinte. Nur die anderen wissen es eben nicht. Was irgendwie von der Kommunikation zwischen Patient und Arzt nicht einen direkt positiven Verlauf nimmt. Trotzdem, war die jetzige Diagnose die mögliche Zweitdiagnose. Ich wurde lediglich zu wenig gefragt, wie ich was meine wenn ich was sage. Was ja auch ein Hauptproblem in den meisten negativ verlaufenen Kommunikationen ist. Es gibt Menschen in meinem Leben die weder mich kennen noch meine Situation die mir jede freie Wahl absprechen. Ich hatte die Wahl das zu tun was ich von Geburt an kann oder dazu üben und zu verfolgen was heilend und heilig auf jedes Wesen wirkt. Die Liebe. Ich bin ein Mensch der introvertiert ist und nicht viel redet. Ich bekomme nicht alles mit aber glaubt mir mehr als genug. Introvertiertheit wird von einigen Menschen noch mit einer Grundverdummung gleichgesetzt.

Wenn einem die Liebe oft und tief genug verletzt hat, spürt man so gut wie nichts mehr. Ein gebrochenes Herz wird gereinigt durch den Schmerz den es verspürt um zu etwas unendlich glänzendem heranzuwachsen. Hinter dem allem brennt ein winziges Flämmchen weiter und weiter. Mal größer mal kleiner. Mal wilder, ein andermal zarter. Fast spürt man es nicht doch es ist immer da. Hinter alledem und belebt einem in den Momenten der schwärzesten Tiefen. Dieses Feuer bleibt. Man muss nur lernen es zu spüren. Wenn man hinter diese Wüsten blickt, ist dort ein Leuchtturm. Umbrandet von unendlich grausamen Stürmen. In Hitze und ewiger Kälte bleibt er bestehen. Er trotzt jedem Sturm und Allem was da an ihn in unendlicher Härte an ihn brandet. Man muss nur lernen in die Richtung des ewigen Wächters zu blicken. Das Herz wird einem nie belügen und immer Wege zeigen, dich auf diesen Turm zu stoßen. Der logische Verstand führt an das es ewige und unendlich grausame Stürme sind und das sich kein Blick und kein Weg hindurch Lohnt. Doch durch diese Reise werden wir reiner und heiliger. Mehr bereit um unser Schicksal anzunehmen und perfekter für den Menschen der wir für diese Welt sein sollen. Es gab nebelhafte Ahnungen die sich durch mein Leben ziehen und die sich meist als richtig erwiesen haben. Ich lasse hier offen wer ich im morgen vielleicht einmal sein werde. Ich stehe immer zwischen dem gestrigen, dem heutigen und dem morgigen. Der Ruf den ich immer vernommen habe leitete mich immer durch mein Leben.

Auch wenn dieser kaum hörbar war. Vorhanden war er immer mit seinem klaren reinen glänzenden Ton. Hinter alledem ist die Welt gerettet. Und wenn es nur ein Sandkorn war, dass durch mich rollte.

„Was kann ich schon tun? Ich bin nur ein Mensch...“
„Du bist aber nicht nur ein Mensch.“